Mi casa
en el desierto

Sharon Gordon

Marshall Cavendish
Benchmark
Nueva York

Mi casa está en el desierto.

La tierra está compuesta de arena y rocas.

Hace mucho calor en el desierto.

Puede llegar ¡a más de 100 grados!

Los animales se quedan en la sombra.

Llevamos ropas ligeras y nos aplicamos bloqueador solar.

Por la noche, refresca en el desierto.

Puede bajar a cincuenta grados.

Mi casa tiene *aire acondicionado*.

Mi escuela y el autobús de la escuela también lo tienen.

Vamos a la escuela por carreteras largas y calurosas.

¡Es un gusto ver amigos que viven lejos!

El desierto es muy seco
y ventoso.

Algunas veces no llueve
durante varios meses.

Las tormentas de arena
soplan arena seca y polvo
al aire.

Algunas veces se forma un
"remolino de polvo" alto.

El desierto cambia
rápidamente después de
que llueve.

Las flores silvestres
florecen en nuestro patio.

El *cactus* acumula agua de lluvia en su tronco.

Sus *espinas* afiladas mantienen alejados a los animales.

Nosotros cultivamos verduras en nuestro huerto.

Crecen durante todo el año en el clima cálido.

Los visitantes vienen al desierto.

A ellos les gusta acampar y hacer excursiones en los *cañones*.

Nuestra casa en el desierto es tranquila y hermosa.

¿Pero oíste ese aullido?

La casa del desierto

cactus

cañones

remolino de polvo

arena

flores silvestres

Palabras avanzadas

aire acondicionado Un aparato que enfría el aire.

cactus Una planta con tallos largos y gruesos que tiene espinas en vez de hojas.

cañones Valles largos y angostos con riscos a ambos lados.

espinas Las púas afiladas del cactus.

Índice

Las páginas indicadas con números en **negrita** tienen ilustraciones.

Datos biográficos de la autora

Sharon Gordon ha escrito muchos libros para niños. Siempre ha trabajado como editora. Sharon y su esposo Bruce tienen tres niños, Douglas, Katie y Laura, y una perra consentida, Samantha. Viven en Midland Park, Nueva Jersey.

Agradecemos a las asesoras de lectura Nanci Vargus, Dra. en Ed., y Beth Walker Gambro.

Marshall Cavendish Benchmark
99 White Plains Road
Tarrytown, New York 10591-9001
www.marshallcavendish.us

Library of Congress Cataloging-in-Publication Data

Gordon, Sharon.
[At home in the desert. Spanish]
Mi casa en el desierto / Sharon Gordon. — Ed. en español.
p. cm. — (Bookworms. Mi casa)
ISBN-13: 978-0-7614-2373-7 (edición en español)
ISBN-10: 0-7614-2373-7 (edición en español)
ISBN-10: 0-7614-1963-2 (English edition)
1. Deserts—Juvenile literature. I. Title. II. Series: Gordon, Sharon. Bookworms. Mi casa.

QH88.G6718 2006
551.41'5—dc22
2006015782

Traducción y composición gráfica en español de Victory Productions, Inc.
www.victoryprd.com

Investigación fotográfica de Anne Burns Images

Fotografía de la cubierta de *Woodfin Camp*/Catherine Karnow

Los permisos de las fotografías utilizadas en este libro son cortesía de:
Corbis: pp. 1, 15 Bill Varie; pp. 3, 28 (abajo a la derecha) George H. H. Huey; p. 5 Craig Aurness; p. 7 Darrell Gulin; p. 11 Joseph Sohm/ChromoSohm, Inc.; p. 13 Kevin Fleming; pp. 21, 28 (arriba a la izquierda) exentas de regalías; p. 23 Bill Ross; pp. 25, 28 (arriba a la derecha) Tom Bean. *Woodfin Camp*: p. 9 Kim Newton; p. 19, 29 Gary Braasch. *Index Stock Imagery*: pp. 17, 28 (abajo a la izquierda) Mark Gibson; p. 27 RO-MA Stock.

Diseño de la serie de Becky Terhune

Impreso en Malasia
1 3 5 6 4 2